"最美奋斗者"品德教育系列

独臂坦克总师
祝榆生

伍美珍工作室 / 编著　　冉少丹 / 绘

海豚出版社
DOLPHIN BOOKS
CICG 中国国际传播集团

幸福源自奋斗

一个人的一生应当怎样度过?

也许这个问题对小朋友们来说还有点遥远,但是有很多人终其一生都在追寻这个问题的答案。小朋友们不妨现在就想想,这一辈子你要如何度过呢?

相信《"最美奋斗者"品德教育系列》能给小朋友们带来启发。

2019年,为隆重庆祝新中国成立七十周年,学习英雄事迹、弘扬奋斗精神、培育时代新人,中共中央宣传部等评选表彰了新中国成立以来涌现的英雄模范,授予他们"最美奋斗者"称号,并开展"最美奋斗者"学习宣传活动。

"最美奋斗者"这份沉甸甸的名单,涵盖各个历史时期在各地区、各行业、各领域中脱颖而出的先进模范,既有黄继光、邱少云、王进喜、雷锋、焦裕禄、孔繁森这些耳熟能详的名字,也有钟南山、袁隆平、黄大年、南仁东、李保国等新时代的楷模。

他们是不懈的奋斗者、开拓者,是幸福生活的创造者、守护者。他们用智慧和汗水,甚至用鲜血和生命,为国家富强、民族振兴、人民幸福书写了可歌可泣的壮丽篇章，在平凡的岗位上作出了不平凡的业绩。他们是国家的脊梁、民族的英雄、时代的楷模，值得我们永远铭记。

幸福都是奋斗出来的，只有奋斗的人生才称得上是幸福的人生。希望通过这套图书，小朋友们能感受到英雄们那种昂扬向上的奋斗精神，树立正确的世界观、人生观、价值观，在"最美奋斗者"的陪伴下扣好人生的第一粒扣子！

《"最美奋斗者"品德教育系列》编委会

2021年3月

扫码听故事

✅ 品德故事
✅ 楷模故事
✅ 读书笔记
✅ 交流园地

　　这位正在银行忙碌的小职员，是十九岁的祝榆生。
银行职员怎么会是坦克专家？别急，他的故事才刚开始呢。

抗日战争时期，日本侵略者烧杀抢掠，年轻的祝榆生气愤不已。他真想亲手把侵略者赶出家乡！

祝榆生放弃了银行的工作，考进了南京的陆军军官学校，而它的前身就是赫赫有名的黄埔军校。他也要成为军人了！

　　来到陆军军官学校，面对战火四起的时局，祝榆生哪还有心情专心学习，他毅然加入八路军，如愿以偿地奔向抗日前线。

　　在那里，八路军和侵略者殊死搏斗。

炮弹不断袭来，同伴们相继倒下，祝榆生握紧拳头，他的心中只有一件事，那就是保卫祖国。

敌人有飞机、大炮，祝榆生的手里只有大刀和步枪，他不甘心！他开始钻研军事武器。有了先进武器，才能更好地保卫国家、保护同伴！

最近，战场上突然出现了一个大家伙——日军的坦克。战士们扔出一个又一个手雷，坦克纹丝不动，战士们却死伤无数！

祝榆生研究出的手雷打不过坦克，从此，坦克成了他的心病，直到战争胜利，他都念念不忘。

后来，祝榆生不断研究各类武器，成了公认的武器专家。有一次，战士们正在练习使用迫击炮。一个炮弹装进了发射筒，过了很久都没动静，大家赶紧找来了祝榆生。

祝榆生走上前，将右手伸进了发射筒准备检查，就在这时，"哑炮"突然爆炸了，他的右臂被炸得鲜血直流！

从那天起，祝榆生永远地失去了右臂。可是他仍旧没有停下来，反而近乎痴迷地爱上了武器研究。

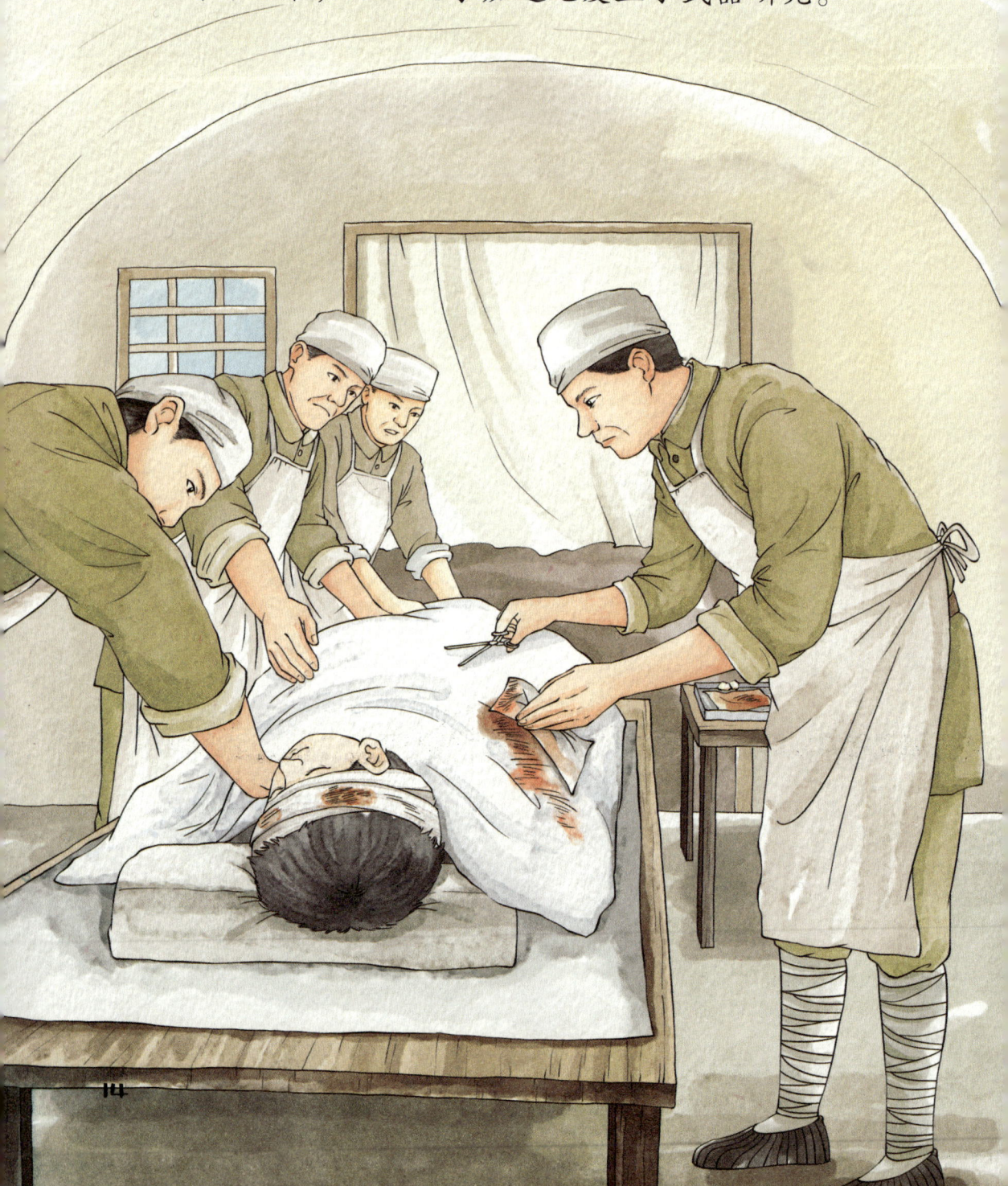

1959 年，战争的硝烟早已从中国大地散去，四十一岁的祝榆生已经是军级干部了。

祖国的强大需要更多的兵工专家献身兵工事业。好学的祝榆生又出人意料地在他工作的军工学校当上了"学生"，他要继续学习武器制造。

年轻的学生中，混进了一个只有一只手臂的大哥。别看祝榆生年纪比别人大，学习热情可一点儿都不少。

1984 年，中国决定召集人才来研究更加有威力的坦克，这就得有个总设计师才行。选谁呢？

祝榆生！他上过战场，有丰富的武器对战经验，又全面学习过各种武器知识。让他造坦克，最合适不过！

可是，当时的祝榆生已经是一位白发苍苍的老人，造坦克可是一项大工程，要花心思，更要花体力呢。但研制出厉害的坦克一直是祝榆生的愿望，他决定接受任命，再次为梦想出发！

起初大家的目标是造出和外国一样先进的坦克，祝榆生摇摇头："只打个平手怎么行，一定要打败最先进的坦克才可以！"

　　这说起来容易，造起来比登天还难！

独臂的祝榆生出入在炎热的实验场，研究坦克构造，回家又接着熬夜翻阅外国资料。或许，这是他和坦克技术之间，又一场无声的"战役"。

有人开玩笑说，祝榆生像是"特殊材料"做成的，六十多岁了还起早摸黑，四处奔波。坦克研究正是在他的指导下，井然有序地进行着。

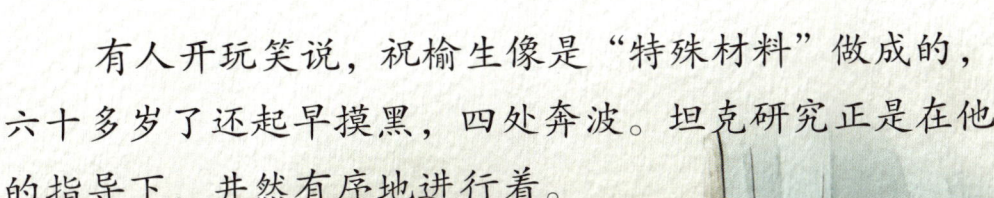

坦克的火力一定要强！大家都说，西方的一百二十毫米口径炮最好，祝榆生却希望采用一百二十五毫米的口径炮，因为它装的弹药多，威力更大。这下可引起了不少争论。

为了达到理想的效果，祝榆生不断调整着设计图，每一次坦克试验，他都坚持到现场去。

"轰！"坦克直接打穿了厚厚的钢板！这样的穿透力，令所有人惊叹！

有了攻击能力，坦克还得有防御能力。

一定要让中国的坦克比西方国家的更坚硬才行！

扫码听故事

- 品德故事
- 楷模故事
- 读书笔记
- 交流园地

祝榆生到处寻找合适的材料。经过一次又一次的尝试，祝榆生给坦克"穿"上了一件厚厚的"铠甲"！

攻击能力和防御能力都有了，但战场上不能缺少观察能力呀。怎样才能让坦克更好地瞄准目标，百发百中呢？

　　激光技术！祝榆生的大脑里浮现出了一个新想法。

他又开始一遍又一遍地研究图纸，
要给坦克装上最敏锐的"眼睛"。

祝榆生研发的99式主战坦克横空出世了！它在外形设计、火力、火控系统等方面都处于世界领先地位。

　　祝榆生带着坦克到沙漠、雪地、荒原不断地做测试。坦克必须适应各种地形才能在战场上所向披靡。

祝榆生的心血没有白费。新中国成立五十周年的阅兵仪式上，一辆辆99式主战坦克隆隆前行，威武雄壮地驶过天安门广场。

　　祝榆生坐在观礼台上，宏伟的画卷终于在他的眼前缓缓铺开。

从银行职员到热血战士，再到坦克总设计师，祝榆生把自己的一生都献给了祖国。

而今天，坦克开过祖国大地的声音，是那么厚重，那么令人踏实。